ÉLOGE

DU

MARÉCHAL DE BERWICK

PRONONCÉ

A L'INAUGURATION DE SON BUSTE

AU COLLÈGE DE JUILLY

LE 15 JUIN 1884

PAR

M. LE DUC D'AUDIFFRET-PASQUIER

DE L'ACADÉMIE FRANÇAISE

PARIS

IMPRIMERIE F. PICHON,

24, RUE SOUFFLOT, 24.

1884

ELOGE

DU

MARÉCHAL DE BERWICK

ÉLOGE

DU

MARÉCHAL DE BERWICK

PRONONCÉ

A L'INAUGURATION DE SON BUSTE

AU COLLÈGE DE JUILLY

LE 15 JUIN 1884

PAR

M. LE DUC D'AUDIFFRET-PASQUIER

DE L'ACADÉMIE FRANÇAISE

PARIS

IMPRIMERIE F. PICHON,

24, RUE SOUFFLOT, 24.

—

1884

Messieurs,

Je remercie M. le supérieur, je remercie le comité des anciens élèves d'avoir pensé que je ne pouvais être un étranger pour vous, et de m'avoir fait une place au milieu de ceux que les liens d'une vieille camaraderie réunissent ici aujourd'hui. J'ai si souvent entendu parler de Juilly, qu'il me semble que j'ai vécu sous la direction du Père Petit, que j'ai connu le Père Mandar et le Père Arnoul. N'ai-je pas suivi jadis le cours du rû Rossignol, la vallée de Nantouillet, je ne saurais le dire; les collines de Dammartin, de Montgé, si souvent décrites devant moi m'apparaissent comme des sites visités dans l'enfance et dont on garde un vague et doux souvenir: J'ai senti battre mon cœur tout à l'heure en lisant sur votre drapeau un nom qui m'est bien cher. Vous le voyez, je suis bien de la famille; parlons des ancêtres (*Applaudissements*).

Dans un temps où les traditions sont vite oubliées, où on s'empresse d'élever des statues aux idoles du jour, dédaignées le lendemain, vous avez gardé le respect du passé, et pieusement vous cherchez la trace de ceux qui vous ont précédés, leur demandant des leçons et des exemples; vous avez raison. « Historia magistra vitæ » a dit Cicéron, l'histoire est la maîtresse de la vie.

Parmi ceux dont Juilly s'honore, il n'en est pas dont la carrière ait été plus utilement remplie, plus glorieuse et plus pure que celle du maréchal de Berwick.

Issu de sang royal, Jacques de Fitz-James eut pour mère Arabella Churchill, la sœur du fameux duc de Marlborough. Il avait sept ans quand le père Gough, prêtre de l'Oratoire, l'amena à Juilly. C'était en 1677.

Quoique le collège ne fût fondé que depuis trente ans à peine, les grandes familles d'Angleterre, les Howard, les Talbot, les Norfolk aimaient à lui confier leurs enfants.

Les méthodes d'enseignement qu'on y suivait, l'éducation à la fois libérale et chrétienne qu'on y recevait étaient bien faites pour leur plaire.

Le cardinal de Bérulle disait à ses disciples : « Ayez grand respect envers les âmes, commandez rarement, reprenez peu et montrez beaucoup d'exemple, soyez plus pères que supérieurs. »

Les Pères de l'Oratoire ne prononçaient d'autres vœux que ceux du baptême et du sacerdoce. « Ils avaient pour cloître l'amour de la solitude » (Père Lami). Bossuet a loué cette grande compagnie où une sainte liberté fait le saint engagement, où l'on obéit sans dépendre, où l'on gouverne sans commander, où toute l'autorité est dans la douceur et où le respect s'entretient sans le secours de la crainte.

Sous de tels maîtres, la discipline était douce et paternelle, l'enfant se développait avec sa physionomie propre et son originalité, l'autorité du supérieur ne détruisait pas son indépendance.

La règle suivie par les Oratoriens n'avait pas l'austérité de Port-Royal. L'élève sortait de leurs mains l'esprit formé par une instruction forte et le cœur habitué à la libre pratique des vertus chrétiennes. (*Applaudissements*).

Jacques de Fitz-James n'oublia jamais ces précieuses leçons.

En 1686, il fit ses premières armes en Hongrie, sous les ducs de Lorraine et de Bavière au siège de Bude ; l'année suivante, colonel à 17 ans du régiment des cuirassiers de Taaf, il assista à la bataille de Mahatz; les Turcs furent battus sur le terrain même où Louis, roi de Hongrie, avait péri avec son armée tout entière.

A son retour en Angleterre, le jeune Fitz-James fut créé duc de Berwick.

La révolution de 1688 éclate.

Le prince Guillaume d'Orange débarque à Torlay ; le pays se soulève, la désertion gagne les plus vieux serviteurs du roi.

Le prince de Danemark, les ducs de Grafton et d'Ormond, lord Churchill, se déclarent pour Guillaume ; trahi, abandonné par ses enfants, par ceux-là même en qui il avait le plus de confiance, Jacques se réfugia en France.

L'Irlande catholique seule ne s'était pas soumise ; elle rappela le roi qui, avec l'aide des troupes françaises commandées par Lauzun, tenta un suprême effort.

Le duc de Berwick fit la campagne à côté de Jacques II ; il commandait la cavalerie à la bataillle de la Boyne et essaya vainement de rallier les troupes débandées. Telle était la confiance qu'inspirait sa valeur, qu'après le départ du roi, en l'absence du duc de Tirconel, il fut chargé du commandement de l'armée et de la direction des affaires ; il avait vingt ans ! — Le malheur avait mûri sa jeune raison. Rappelé en France, il fut le compagnon respectueux et fidèle du vaincu : le bruit de ses succès viendra souvent égayer le vieux château de Saint-Germain et adoucir les amertumes d'un exil qui ne devait finir qu'avec la vie du monarque dépossédé.

En 1690, Berwick entre au service de la France ; la grande alliance venait de se former contre nous ; l'Allemagne, les Provinces-Unies, l'Angleterre et l'Espagne coalisées demandaient le rétablissement des traités de Westphalie et des Pyrénées. Le duc de Lorraine Charles V et l'Électeur de Bavière avaient pris

Mayence et Bonn. Louis XIV s'était décidé à rappeler à la tête de ses troupes le maréchal de Luxembourg. Ce n'étaient déjà plus les temps héroïques de Turenne et de Condé; la France avait cependant encore de grands hommes de guerre; Berwick acheva de se former à l'école des maréchaux de Luxembourg, de Boufflers, de Vauban. Il rejoignit l'armée sous les murs de Mons assiégée.

Un nouveau projet de descente en Angleterre le rappela sur les côtes de Normandie. Il put voir du rivage le désastre de la Hogue, la flotte de Tourville anéantie, et avec elle l'expédition ruinée.

Revenu en Flandre, au combat de Dunkerque il chargea à pied, à la tête de l'infanterie française, avec le duc d'Orléans, le duc de Bourbon, le prince de Conti, le duc de Vendôme et la fleur de la noblesse française. A la bataille de Nerwinde, entraîné par son ardeur, au plus fort de la mêlée, cerné de tous côtés, il est fait prisonnier par son oncle, le brigadier Churchill, frère du duc de Marlborough. C'était pour les Anglais une bonne prise. Il ne fallut pas moins que la sommation faite à tous les officiers relâchés sur parole de revenir à Namur, et le refus de rendre le duc d'Ormond blessé dans le combat, pour obtenir son échange.

En 1695, le duc de Luxembourg mourut. Louis XIV avait perdu Turenne, Condé, Colbert, Louvois, Seignelay! Cinquante années de guerre avaient épuisé les premiers rangs; la fortune s'était lassée; les mauvais jours commençaient.

Berwick fit toutes les campagnes jusqu'à la paix de Riswick.

En novembre 1700, le roi d'Espagne Charles II était mort, laissant par son testament son royaume au duc d'Anjou. L'acceptation de ce testament par Louis XIV, la reconnaissance du prince de Galles comme roi d'Angleterre rendaient la guerre inévitable; la grande alliance se reforme. Philippe V est menacé; l'archiduc Charles d'Autriche, aidé par l'Angleterre, envahit l'Espagne.

Le roi de France envoie au secours de son petit-fils le duc de Berwick, naturalisé français avec le consentement du roi d'Angleterre.

Il arrive à Madrid dans l'hiver de 1704.

La cour d'Espagne était divisée par l'intrigue. La reine, la princesse des Ursins, Orry, le Cardinal, puis l'abbé d'Estrées, se disputaient la conduite des affaires. « A mon arrivée, dit Berwick, chacun voulait me mettre de son côté ; la reine ne dédaigna pas de m'en prier ; mais je parlais si franchement sur tout cela aux uns comme aux autres, qu'ils virent bientôt que je n'étais pas dans leurs tracasseries, ayant d'ailleurs assez d'occupations importantes pour ne point m'embarquer dans des discussions aussi désagréables qu'inutiles aux affaires dont j'étais primitivement chargé. » Il avait, en effet fort à faire : l'armée désorganisée manquait de tout. En peu de temps, il la mit en état de tenir tête à l'ennemi ; et malgré les ordres de la cour, qui voulait la retraite, il défendit l'Aqueda, disputa le terrain pied à pied ; il allait livrer bataille quand il fut brusquement rappelé par un ordre de la cour de France. « Il éprouva, dit Montesquieu, ce que tant d'autres avaient éprouvé avant lui, que de plaire à la cour est le plus grand service qu'on puisse rendre à la cour, sans quoi toutes les œuvres, pour me servir du langage des théologiens, ne sont que des œuvres mortes. » On ne lui avait pas pardonné, à Madrid, sa fière indépendance. « Que voulez-vous que j'en fasse ? disait la reine ; c'est un grand diable d'Anglais, sec, qui va toujours tout droit devant lui. »

Arrivé à Versailles, le roi lui demanda pour quelles raisons son petit-fils l'avait tant pressé de le rappeler en France. « Je suis heureux, lui répondit Berwick, que Votre Majesté l'ignore comme moi ; cela me prouve qu'elle n'a pas lieu d'être mécontente de ma conduite. »

Il fut envoyé en Languedoc à la place du maréchal de Villars.

Cependant en son absence la situation s'aggravait

en Espagne. Le roi avait été forcé de lever le siège de Barcelone, laissant aux mains de l'ennemi sa grosse artillerie. L'armée anglo-portugaise avait continué sa marche triomphale jusqu'à Madrid, où l'archiduc fut proclamé roi. Tout semblait perdu. Louis XIV renvoya au secours de Philippe V l'homme dont les services avaient été méconnus, le duc de Berwick ; il venait de le nommer maréchal de France.

Alors commence la campagne la plus étonnante, la plus glorieuse qu'il ait faite. Profitant des lenteurs et des fautes des ennemis, le maréchal reprend l'offensive, et les pousse devant lui, marche par marche, comme un pasteur conduit un troupeau. Les deux armées firent, pour ainsi dire, le tour de l'Espagne ; parties de Badajoz après s'être promenées au travers des deux Castilles, des royaumes de Valence et de Murcie, elles s'arrêtèrent à cent cinquante lieues de leur point de départ. « Nous fîmes, écrit-il dans ses *Mémoires*, quatre-vingt-cinq camps ; et quoique tout se passât sans action générale, nous en tirâmes autant d'avantages que si l'on eût gagné une bataille, car de compte fait nous fîmes mille prisonniers. »

Au printemps suivant, Berwick acheva son œuvre et prouva qu'aux mérites d'un tacticien consommé il joignait le génie qui décide du sort des batailles. Le 25 avril 1707, il bat l'armée coalisée dans les plaines d'Almanza. 5,000 hommes tués, 10,000 prisonniers, 120 drapeaux et étendards pris, toute l'artillerie, tous les bagages furent les trophées de cette victoire qui rétablissait la maison de Bourbon sur son trône ébranlé. Philippe V lui donna, avec le collier de la Toison-d'Or, les villes de Liria et de Xercia érigées en duché, avec la grandesse de première classe pour lui et ses descendants. Ces terres avaient été autrefois l'apanage des fils des rois d'Aragon.

De 1707 à 1712, commandant en chef l'armée du Dauphiné, le maréchal de Berwick tint en échec l'armée du duc de Savoie unie à l'armée impériale sous les ordres du feld-maréchal de Thann ; guerre de montagne, guerre difficile. Il s'agissait de couvrir soixante lieues de frontières depuis Antibes jusqu'au lac de Genève. Il semble que la guerre défensive était plus que toute autre dans le caractère particulier de son talent : froid, réfléchi, personne ne lui a été supérieur dans l'art d'organiser une armée, de pourvoir à ses besoins, dans un temps où la difficulté des communications rendait le problème plus ardu ; personne n'était plus propre à relever par l'énergie et la ténacité des situations qui semblaient désespérées. La défense du Dauphiné fut aux yeux des hommes de guerre égale, si elle ne la surpasse, à celle de Catinat en 1693, et à celle de Villars en 1708.

Après la signature de la paix d'Utrecht, Berwick retourna en Catalogne ; il en fut rappelé par un évènement qui devait troubler profondément sa vie. A la mort de la reine Anne, le 12 avril 1714, le roi Jacques avait quitté brusquement la Lorraine, résolu à passer en Angleterre pour revendiquer ses droits à la couronne. Berwick reçut l'ordre de se rendre en Ecosse avec le duc d'Ormond et de prendre le commandement de l'armée rassemblée par le duc de Marr. Naturalisé Français, du consentement du roi d'Angleterre, maréchal de France, officier de la Couronne, pouvait-il prendre part à une guerre d'invasion contre une nation avec laquelle la France était en paix, malgré les ordres formels du roi Louis XIV, renouvelés par le Régent ?

On a dit avec raison que le plus difficile n'est pas de faire son devoir, mais de le connaître. Laissez-moi vous lire la lettre dans laquelle il expose ses scrupules au roi : elle est belle et n'est pas connue :

« 20 octobre 1715.

« Le départ de Votre Majesté s'approchant sans que

j'aie pu encore vérifier si je pouvais en conscience sortir de France, m'oblige à prendre la liberté d'assurer Votre Majesté que si je n'ai pas l'honneur de l'accompagner ou ensuite de la suivre, ce sera la plus grande mortification que je puisse jamais avoir; la diversité des opinions est ce qui cause mes irrésolutions, car quoique mon zèle pour vos intérêts et le motif de la gloire m'excite à partir dans le moment, la crainte toutefois d'agir contre les règles de l'honneur et de la conscience me force à consulter ce qu'il y a de plus sain et de plus habile avant que de me déterminer.

« Si je trouve, après un examen sérieux, que, sans blesser le droit public et mes serments, je peux partir, j'espère de vous joindre sur la côte de France ou du moins de vous suivre de fort près. Mais si je me trouve convaincu du contraire, je supplie Votre Majesté de ne point me condamner, d'autant que je n'ai eu en vue que les lois de l'honneur et que si je me trompe en croyant les suivre, je mérite plutôt d'être plaint que d'être blâmé.

« Votre Majesté est trop remplie d'équité pour souffrir que l'on fasse des jugements téméraires.

« Quoi qu'il arrive et quoi qu'on pense ou dise, je jure et proteste devant Dieu que j'ai consulté ma conscience et j'agirai conformément à ce qu'elle me dictera.

« Ayez la bonté, sire, de vous ressouvenir qu'il y a environ deux ans, je m'offris de moi-même à Votre Majesté pour vous suivre partout moyennant le consentement du roi très chrétien.

« Il ne parut pas alors que Votre Majesté trouva à redire à cette clause, car vous eûtes vous-même la bonté de me dire sur cela que vous me remerciiez d'une offre que vous désiriez infiniment, quoique vous n'osiez me la proposer.

« Quelque résolution que je prenne, j'espère de vous donner pour l'avenir comme par le passé des preuves réelles que personne n'a plus de respect ni d'attachement pour vous que j'en ai; si la circonstance des temps ne me permet pas de le faire voir par mes actions, au moins mes souhaits et mes pensées ne cesseront de vous accompagner.

BERWICK. »

(*Applaudissements réitérés*).

Ce noble langage ne fut pas compris. Berwick avait refusé quelques mois auparavant les offres du roi d'Espagne, qui lui donnait, avec le commandement général de toutes ses armées, le titre de vicaire général dans la couronne d'Aragon. Il était Français et entendait rester Français. (*Applaudissements*.)

Le roi Jacques, après la triste issue de son expédition, aigri par le malheur, oublia les services de ses deux plus fidèles amis. Berwick partagea la disgrâce de Brolingbroke. Ce traitement immérité blessa cette âme loyale et fière. On trouve la trace profonde de ces impressions dans un mémoire tout entier de sa main, qui n'a pas été publié et qu'il a intitulé :

Apologie de M. le maréchal de Berwick.

La carrière militaire du maréchal est terminée, le régent, qui l'aimait et qui avait pu l'apprécier en Espagne au siège de Lérida, lui confia le gouvernement de la Guyenne.

A l'âge de quarante-quatre ans, il avait fait 26 campagnes, il avait commandé les armées des trois premiers monarques de l'Europe. En Angleterre, il était duc de Berwick; en Espagne, duc de Liria ; en France, duc de Fitz-James ; de son premier mariage il avait eu un fils, qui, héritier de ses possessions en Espagne, fonda la branche des ducs de Liria ; l'aîné des enfants du second lit resta Français, il fut le second de cette race vaillante qui a continué jusqu'à ce jour les grandes traditions de bravoure, d'honneur, d'inviolable fidélité à ses convictions religieuses et politiques que l'héroïque soldat lui avait léguées.

Dès les premiers temps de son séjour en Guyenne, le maréchal de Berwick rencontra Montesquieu.

Le jeune président à mortier au Parlement de Bordeaux partageait sa vie entre les devoirs de sa charge et les heures consacrées au travail dans la bibliothèque du château de la Brède, où il préparait le livre de l'*Esprit des Lois*.

C'était aussi un ancien élève de Juilly.

Peut-être ce souvenir commun fut-il la première raison de se chercher et de se connaître.

Malgré la différence d'âge qui les séparait, l'amitié la plus tendre ne tarda pas à les unir, nous en avons un touchant témoignage dans l'éloge, malheureusement inachevé, que Montesquieu a laissé de son illustre ami.

Permettez-moi d'en extraire un portrait qui, mieux que tout, fera connaître le maréchal à la fin de sa carrière.

« Son air froid, un peu sévère, faisait que quelquefois il aurait semblé déplacé dans notre nation, si les grandes âmes et le mérite personnel avaient un pays. Il était impossible de le voir et de ne pas aimer la vertu, tant on voyait de tranquillité et de félicité dans son cœur. J'ai vu de loin dans Plutarque ce qu'étaient les grands hommes; j'ai vu en lui de plus près ce qu'ils sont. Je ne connais que sa vie privée, je n'ai pas vu le héros mais l'homme dont le héros est parti. Il aimait ses amis, sa manière était de rendre des services sans vous rien dire. C'était une main invisible qui vous servait. Il avait un grand fond de religion, jamais homme n'a mieux servi ces lois de « l'Evangile qui coûtent le plus aux gens du monde ; enfin, jamais homme n'a tant pratiqué la religion et n'en a si peu parlé. » A ces traits il faut joindre le mot de Brolingbroke, qui les résume si bien : « C'était le meilleur grand homme qui ait jamais existé. »

En 1733, il vivait paisible et heureux dans la terre de Fitz-James, entouré de sa femme, de ses enfants, de ses amis, dont il était adoré, quand on l'appela pour commander l'armée qu'on rassemblait sur le Rhin. Les opérations militaires commencèrent par le siège de Philipsbourg. Le 12 juin 1734, il se rendit à la tranchée, et voulant, suivant son usage, tout observer par lui-même, monta sur la banquette en avant des sapes. Un boulet de canon lui enleva la tête.

Dieu appelait soudainement à lui cette âme grande et simple, sans qu'elle eût senti la mort. C'était le trépas de Turenne. Villars l'enviait en mourant cinq jours plus tard. « J'ai toujours eu raison de dire que cet homme-là était plus heureux que moi. »

Turenne, Berwick, Villars, quels grands noms, messieurs ! Par un rare privilège, vous avez le droit de les inscrire dans vos annales. N'est-ce pas le Supérieur de Juilly, qui, appelé à l'armée par Turenne, veilla sur les restes du héros et les accompagna jusque dans les caveaux de Saint-Denis ?

Comme je vous le disais en commençant, ce sont là vos ancêtres. Nous aimons à nous reporter par la pensée vers ce grand siècle où la France, après cent ans de guerres et de négociations, avait réuni à son territoire le Roussillon, l'Artois, l'Alsace, la Flandre et la Franche-Comté; quelques années plus tard, elle y joignait la Lorraine. C'était la réalisation de ce qu'on a coutume d'appeler, à tort selon moi, le programme politique d'Henri IV : c'est la politique nationale qu'il faut dire.

Bornée par deux mers et deux chaînes de montagnes, la France n'avait d'expansion possible qu'au Nord et à l'Est. A cette raison géographique, l'insoluble litige soulevé par la succession de Charlemagne avait ajouté dans l'esprit du peuple l'idée d'un droit méconnu. A tout le moins, les vieux Français voulaient l'ancien royaume d'Austrasie dont la capitale était à Metz. Les Bardes et les Trouvères, avec leur naïf enthousiasme, plus tard les légistes, avec leur lourde érudition, furent les avocats de ces revendications. Quand Charles VIII voulut partir pour l'Italie, ses vieux conseillers le blâmèrent. « Ce sont guerres de magnificence, disaient-ils, c'est vers le Nord et l'Est qu'il faut se diriger, ce sont guerres communes si l'on veut, mais ce sont les vraies guerres du Roi. »

Le vieux maréchal de la Vieilleville tenait le même langage à Henri II, Coligny à Charles IX, « qui empêche la guerre de Flandre n'est pas bon Français et a une croix rouge dans le ventre. »

A la fin des guerres de religion, Henri IV, rentré dans la plénitude de son indépendance et de son autorité, chercha à renouer la tradition brusquement interrompue. Il portait dans son âme la grande idée qui, pendant de longs siècles, avait fait battre le cœur de tant de générations ; c'est là le secret de sa grande popularité.

Le pays a tout pardonné, il a oublié les cruautés de Louis XI, les sévérités excessives de Richelieu, indulgent pour ceux qui ont servi sa passion, implacable pour ceux qui l'ont desservie, à travers des fortunes diverses, sans cesse il l'a reprise et poursuivie, sans jamais se lasser, comptant sur l'avenir pour rétablir les choses qui semblaient perdues.

Ne désespérons jamais, Messieurs, gardons notre foi patriotique dans les destinées du pays, gardons notre foi de chrétiens, c'est par l'union de ces deux sentiments que nos anciens ont fait la France si glorieuse et si belle. (*Applaudissements*).

C'est par l'union de ces deux sentiments que nous lui conserverons la place qui lui appartient à la tête du monde civilisé. » (*Triple salve d'applaudissements*).

Paris. — Imp. F. Pichon, 30, rue de l'Arbalète, et 24, rue Soufflot.

www.ingramcontent.com/pod-product-compliance
Lightning Source LLC
Chambersburg PA
CBHW060457050426
42451CB00014B/3365